ADRESSE

LOUIS XVIII,

Par M. COBBETT, Publiciste anglais. (*)

Sire,

Après de longues années d'abandon, je vois que Votre Majesté est accueillie dans Londres avec des félicitations, des applaudissemens et des transports de joie. Elle jouit du singulier honneur d'être admise dans le carosse royal tiré par les huit chevaux d'état ; un cortége magnifique la précède et la suit : le prince régent et ses grands dignitaires l'accompagnent ; une garde d'honneur l'escorte ; une nombreuse noblesse l'entoure ; des milliers d'équipages brillans couvrent sa route ; son chemin est jonché de fleurs et de lauriers ; cent mille voix célèbrent

---

(*) Ce morceau, auquel on ne saurait donner trop de publicité, est extrait de l'estimable Recueil, connu sous le nom de *Lettres philosophiques*, par M. Basin. On s'abonne, pour cet ouvrage, chez l'Editeur, rue Saint-Sauveur, n°. 6, Dentu, Blanchard, Delaunay, libraires, au Palais-Royal ; Debray, libraire, rue Saint-Nicaise, n°. 1 ; Fayolle, libraire, rue Saint-Honoré, n°. 284.

I

(2)

son triomphe ; les drapeaux blancs, semblables à une forêt, frappent ses regards sur tous les points ; enfin, tout ce qui peut témoigner l'allégresse la plus vive, tout ce qui peut exprimer la plus haute considération, le plus profond respect et la plus sincère amitié, vous est prodigué dans ce même pays, où l'on a souffert pendant tant d'années que Votre Majesté vécût dans un état obscur. Ce contraste a dû produire un effet singulier dans votre esprit ; et s'il était permis d'y lire, on y verrait sans doute que Votre Majesté, mûrie par une longue expérience, a su appécier la valeur réelle de toutes ces démonstrations extérieures ; on la verrait rappeler que le peuple de cette capitale, à la paix d'Amiens, détela les chevaux de l'ambassadeur de Buonaparte, pour le traîner en triomphe l'espace de plusieurs milles.

Votre Majesté retourne vers un peuple bien différent de celui qu'elle avait quitté. Avant la révolution, les Français étaient pour nous un objet de ridicule ; nous les appelions esclaves. Ils ont effacé ce titre honteux : sans Roi, sans nobles, ni prêtres pour les guider, ils nous ont forcés au respect et même à la crainte. Un tel changement n'a pas été trop chèrement acheté par une révolution. Quand les auteurs, qui font métier de flatter le vain orgueil de notre populace ont besoin de peindre la misère et la bassesse, ce n'est plus sous l'habit et le nom d'un Français.

Si Votre Majesté a résolu de donner un gouvernement libéral à la France , sa restauration sera un bonheur pour le monde ; sinon, elle ajoutera inutilement de nouveaux maux aux désastres passés , car tôt ou tard les principes de liberté triompheront : l'esprit humain ne peut faire de mouvemens rétrogrades ; ce que l'homme a appris , il ne peut le désapprendre si tôt ; et il n'existe pas un seul homme instruit en Europe , même parmi les plus humbles courtisans , qui croie , de bonne foi , les nations faites pour les rois. Votre Majesté va retrouver une nation chez laquelle les principes contraires sont profondément enracinés : c'est en effet une nation nouvelle qu'elle va gouverner ; et l'histoire vous dira que les restaurations ne sont plus que les usurpations à l'abri des coups de l'opinion publique.

Je crains que Votre Majesté ne rencontre des gens qui lui conseillent de faire de sa restauration, une restauration de tous les abus qui ont été la cause première de la révolution française. Ils lui diront que l'ancien régime s'est soutenu pendant plusieurs siècles sans être ébranlé par les commotions populaires , et qu'en conséquence c'est le régime le plus convenable pour prévenir une autre révolution ; que gouverner d'après des principes libéraux, ce serait approuver et maintenir les actes des républicains et des rigicides ; que les vrais, les seuls amis de Votre Majésté , sont ceux qui se dénomment royalistes purs ; qu'il y aurait ingratitude envers des sujets aussi fidèles si Votre Majesté pardonnait librement à ceux qui ont détruit ou laissé détruire l'autorité royale, à ceux qui ont immolé une partie de sa famille. Si Votre Majesté avait dans sa force personnelle les moyens d'anéantir trente millions d'individus, il y aurait au moins quelque raisonnement dans cet avis; mais en supposant que Votre Majesté en eût l'intention, il est sûr qu'elle n'en a pas le pouvoir.

Le peuple français, encore étourdi du changement qui vient de s'opérer, semble disposé à l'entier rétablissement de l'ancien ordre de choses, diront à Votre Majesté des gens officieux; mais si Votre Majesté s'abusait au point de croire qu'un peuple reprend volontairement des fers, la fin de la crise lui dévoilerait son erreur alors qu'elle serait irréparable. Le peuple français a goûté de la liberté; il a contracté l'habitude de la discussion, il a vu ce qu'il pouvait faire, il s'est pénétré de mépris pour les prétentions aristocratiques; il sait par expérience qu'il peut se défendre contre toute l'Europe, sans le secours des talens et de la valeur héréditaires. Le seul moyen efficace pour régner paisiblement sur un tel peuple, c'est de conquérir son affection, de le convaincre par des mesures sages qu'il a gagné quelque chose au renversement de Napoléon; c'est de lui prouver par des actes plutôt que par des promesses, qu'il ne doit plus retourner à l'état d'où il est sorti en 89; c'est de lui montrer par des lois strictement observées qu'il jouira du fruit de son travail et de son intelligence ; c'est de conserver son territoire intact ; c'est enfin de lui persuader que sa gloire et son intérêt ne sont point compromis par la restauration.

Il faut un haut degré de sagesse pour diriger un tel peuple : l'ancien régime ne lui conviendrait certainement pas ; il a trop appris à le détester. Le petit nombre de ceux qui sont encore attachés à ce régime est dans le déclin de la vie ; la scène est remplie par de nouveaux acteurs dont l'esprit n'est disposé qu'à recevoir un état de choses plus actif et plus libéral. La situation de la France avant la révolution était telle que l'homme qui ne désirait pas un changement devait être une brutte. Il existe cependant de tels hommes, et même en Angleterre ; mais leur espoir sera trompé : ils auront la douleur de voir les Français devenir un peuple libre et heureux. Ils voudraient vous porter à les rendre esclaves ; leur haine s'attache encore plus à la liberté qu'à la France ; ils sont furieux qu'une révolution ait pu se terminer par un avantage remporté sur la tyrannie. Cet avantage n'a pas été aussi promptement acquis que le désiraient les ennemis de l'oppression ; mais si Votre Majesté monte sur le trône aux conditions consenties par elle, la France jouira de plus de liberté que nous mêmes. Elle a supporté une guerre de vingt-deux ans. Elle a fait de grands sacrifices, elle a vu couler la plus pure partie de son sang ; mais elle a donné au monde un exemple de ce dont un peuple est capable lorsqu'il veut briser ses fers ; et après tout elle a conquis des droits qui peuvent compenser un siècle de guerre. Le système représentatif y est reconnu, et la constitution est garantie par le serment de Votre Majesté.

En admettant les citoyens à tous les emplois civils et militaires, quel que soit leur religion, Votre Majesté fait un acte aussi juste que politique. La croyance dans la doctrine de la transubstantiation n'a rien de commun avec la rédaction d'un traité, la direction d'une bombe ou une question de loi.

À l'égard du clergé, Votre Majesté a besoin de toute la fermeté de son caractère, si, comme je l'espère, vous ne rétablissez pas avec les dîmes, toutes les immunités ecclésiastiques ; vous serez assailli par de sourdes intrigues, par d'infernales machinations et de puériles terreurs. Garder le patrimoine de l'église va vous être présenté comme le plus affreux des crimes. Les restitutions vont être déclarées nécessaires sous le risque de perdre votre couronne et d'encourir les peines de l'enfer : quant aux sermens, ils seront comptés comme nuls s'ils sont en opposition à ce qui doit infailliblement assurer à Votre Majesté la tranquillité dans la vie éternelle.

Mais les principaux ennemis de Votre Majesté sont ceux qui tenteront de la porter à des actes de despotisme et de vengeance. Elle a dû sentir qu'il était impossible d'avoir une confiance exclusive dans les rejetons de ce qui était autrefois qualifié de noble sang par excellence. Si la noblesse avait fait quelques sacrifices en temps opportun , les esprits n'auraient point été exaspérés , et votre auguste frère aurait conservé son trône ; mais pour ne rien céder , ils finirent par tout perdre , puis ensuite ils quittèrent leurs foyers et appelèrent l'étranger pour ravager leur patrie. Ils en ont été sévèrement punis , nullement corrigés ; et maintenant ils ont l'espoir de se venger en vous excitant à détruire la liberté de la nation. Dans ce cas , ils répéteront sans cesse que votre frère succomba par sa faiblesse, et qu'en conséquence Votre Majesté doit être inflexible ; ils ne lui rappeleront pas les causes véritables de cette scène effroyable , notamment leurs pernicieux conseils et leur égoïsme. Ils tairont ces causes qui les avilissent, ils n'en montreront que les déplorables effets , afin d'intéresser votre pitié. Si Votre Majesté persévère à observer le contrat social , il n'est aucune sorte de combinaisons qui puisse l'empêcher d'être le monarque le plus puissant , c'est-à-dire, le plus chéri du monde.

Vous êtes entourés d'habiles généraux, vous possédez des hommes dont le seul nom inspirera le désir de vivre en paix avec vous. Les seuls prisonniers de guerre, que Votre Majesté va recouvrer, pourraient former une armée suffisante pour la défendre contre le monde entier. La nation est éclairée, l'agriculture et les arts y fleurissent; elle n'a pas comme nous une dette énorme qui plonge l'état dans l'embarras et la confusion; la banque paie ses billets en numéraire; aucun privilège exclusif n'entrave l'industrie; le sol et le climat sont les plus beaux de l'univers; c'est le peuple le plus brave et le plus intelligent; les moines y sont hors de la république des lettres comme hors de leurs couvens.

La politique de Votre Majesté doit être de laisser chaque état s'arranger à sa manière. Que la France se repose au sein de la paix; que son peuple jouisse du bonheur qu'il a si bien mérité; que ceux qui projetaient de l'humilier, de la déchirer en lambeaux, de la faire reculer d'un siècle, rétablissent leurs affaires comme ils le pourront; qu'ils la laissent libre, et bientôt le reste de l'Europe, instruit par le résultat, s'empressera de l'imiter.

Je vois avec plaisir que les généraux républicains paraissent les plus distingués dans le nouvel ordre de choses; ce sont des hommes dans lesquels Votre Majesté doit avoir une entière confiance. Une noblesse dégénérée qui a fui, dispersée dans tous les coins de l'Europe, à l'approche des républicains, n'est pas propre à des temps comme ceux-ci. Que ces chevaliers se parent de leurs cordons, qu'ils passent en revue leurs parchemins et leurs armoiries; mais que Votre Majesté se garde bien de leur confier ses armées; qu'elle continue à élever ses officiers à raison de leur mérite ; qu'elle ne leur demande pas ce qu'était leur père : le plus brave et le plus habile est celui qui doit servir et qui doit être recompensé. Une des principales causes des étonnans succès de Buonaparte, c'est qu'il prit ses généraux dans les rangs : chaque soldat avait une chance égale ; le mérite réel était souvent l'objet de ses récompenses, de ses éloges. Heureusement pour la France, il l'attaquait d'assaut et non par la sappe : Votre Majesté rejetera l'un et l'autre, d'autant mieux qu'elle n'a pas à redouter les machinations de l'olygarchie. La nouvelle noblesse n'a pas de famille, c'est-à-dire, de ces relations d'alliances qui s'étendaient à l'infini, et se soutenaient mutuellement pour conserver le droit d'oppression ; elle ne peut exercer cette funeste influence qui dirige les hommes par la cupidité. L'ancienne noblesse est dans le même état : le temps l'a tellement dispersée, qu'elle n'est plus un corps capable d'agir par la même impulsion ; elle n'aura aucun pouvoir sur l'esprit du peuple, qui est maintenant hors de son atteinte. Votre Majesté pourra donc entendre, accueillir les vœux de son peuple ; car, quoique le mode d'élection ne soit pas tout à fait ce que j'aurais souhaité, du moins le peuple aura quelque chose à dire ; il aura quelque poids dans le choix de ceux qui seront chargés de ses intérêts. De la manière dont les choses sont établies, les élections peuvent, à toute rigueur, être libres ; ces élections ne sont pas un jeu, une illusion pour tromper l'ignorant ;

une apparence de liberté qui couvrira les moyens de consacrer légalement le despotisme. Vous êtes heureusement dégagé de la nécessité d'employer la corruption, et votre plus grand soin sera de vous en abstenir ; car, du moment où vous useriez d'un tel moyen, les malheurs de Votre Majesté commenceraient avec ceux de son peuple. Aussi long-temps que Votre Majesté écartera la corruption, et que votre gouvernement sera basé sur la vertu, vous serez libre dans vos choix, vous pourrez compter sur l'attachement de vos serviteurs. Dans le cas contraire, vous ne seriez plus vous-même que l'esclave de ceux que vous auriez corrompus. Vous ne seriez entouré que d'eux et de leurs créatures, vous seriez soumis à l'impudence, à l'imbécillité de cette olygarchie ; il faudrait que vous leur abandonnassiez le pillage du peuple pour obtenir leur consentement aux lois les plus justes. Dans cet état de choses, le peuple ne travaillerait plus que pour nourrir ces nouveaux moines, plus insolens, plus nombreux que les anciens. Une multitude de parasites, nés de la corruption, s'acharnerait sur le revenu public, comme l'insecte sur un cadavre. On verait éclore, multiplier et se perpétuer des essains de sangsues mâles et femelles, qui couvriraient ce pauvre peuple, se nourriraient de son sang, insulteraient à ses plaintes, en lui disant avec ironie qu'il ne doit pas regretter ce sacrifice, puisque c'est à ce prix qu'il est libre.

Si Votre Majesté trouve quelques personnes qui
lui conseillent d'adopter un pareil système, j'espère qu'elle s'apercevra du danger, et qu'elle sera
plus disposée encore à l'écarter que l'apôtre d'une
tyrannie ouverte, moins pernicieuse pour les
mœurs et l'intérêt des peuples, moins honteuse
pour le monarque sous un despotisme qui n'est pas
déguisé ; les hommes ne sont pas hypocrites ; ils
se soumettent à la force et n'essaient pas de dé-
guiser leur soumission ; le partage de l'un est celui
de tous : le prince n'a pas besoin de despotes su-
balternes ; il n'insulte à personne, parce qu'il
n'affecte pas de considérer quelqu'un comme libre.
Mais si Votre Majesté administrait par la corruption, son malheureux peuple ne serait plus qu'un
ramas de misérables, dégradés par la fourberie :
l'un chercherait à supplanter l'autre ; chacun se
vendrait au plus offrant ; il y aurait une lutte gé-
nérale pour obtenir la meilleure part dans le pillage ; une dégoûtante bassesse serait le fond du caractère national.

Si vous administrez avec justice et modération,
si Votre Majesté veille à l'honneur comme aux intérêts de la France ; si elle retourne vers son
peuple avec un esprit dégagé de toute idée de res-
sentiment et de vengeance, et surtout si elle
montre qu'elle est résolue de maintenir les droits
du peuple, je suis certain que, dans quelques
mois, elle sera blâmée dans ces mêmes écrits où
l'on applaudit maintenant à sa restauration. Les

auteurs de ces écrits ne sont attachés ni à Votre Majesté, ni à sa famille, ni à ses intérêts. Ils voyaient que vous alliez être le chef d'une nation qui doit être grande, parce qu'elle ne saurait être faible : ces misérables ont conçu de nouveau l'espérance qu'ils avaient en 1793, *de couper les ailes de la France;* ils espèrent que Votre Majesté va rétablir tous les abus de pouvoir qui existaient alors ; qu'elle va construire des échafauds avec des têtes et de squelettes ; qu'elle va entraîner son peuple dans des dissentions civiles ; qu'en s'exténuant ainsi, la France sera incapable d'exercer aucune puissance pendant plusieurs siècles ; que Votre Majesté va proposer des conditions dégradantes ; qu'elle va tellement démoraliser, détruire, dévaster son royaume, qu'il sera désormais honteux d'y vivre : mais ce qu'ils espèrent par-dessus tout, c'est que vous éteindrez jusqu'au nom, jusqu'à l'idée de liberté dont le germe doit tôt ou tard se répandre sur tout le globe.

J'ai la confiance qu'ils seront trompés dans toutes ces affreuses espérances ; alors le peuple français deviendra le modèle de toutes les nations. Sa langue est la plus répandue, il est le plus versé dans les sciences ; il possède les arts au plus haut degré; il a le sol le plus fertile; il vit sous le plus beau climat : les productions qu'il reçoit de la nature, et qu'il obtient de son industrie, sont les plus variées et les plus recherchées ; son caractère est aimable et sa bravoure surpasse celle de tous les peuples de la terre. Tout ce qu'il fait doit être d'un grand poids dans le monde, et tout ce qu'il fera dépend en grande partie de Votre Majesté, dont les intérêts sont inséparables des siens. La France ne peut être vraiment grande, sans être véritablement libre.

La douleur que Votre Majesté ne peut s'empêcher de ressentir, en réfléchissant à ce qui s'est passé pendant son exil, ne peut l'aveugler assez pour lui faire méconnaître les améliorations qui se sont opérées en France pendant son exil. Ce royaume est dégagé des embarras inextricables qui existaient dans les finances en 1789; sa monnaie est reçue sans perte dans tous les marchés du monde; de nombreuses et d'utiles manufactures y sont en activité; l'instruction généralement répandue, la mendicité diminuée, les propriétés mieux réparties; l'industrie remplace la paresse monastique; tous les priviléges exclusifs sont abolis; le chemin des honneurs et de la fortune est ouvert à tous; l'armée est instruite et disciplinée; le courage naturel aux habitans peut le défendre contre l'Europe réunie; et, quand au commerce, le rétablir est l'ouvrage d'un mois, ou plutôt d'un seul instant.

Votre Majesté ne sacrifiera point les intérêts de son peuple à l'avidité des états voisins, dans l'intention de conserver leur amitié : son expérience peut évaluer le prix de cette amitié, et je suis certain qu'elle lui dira que ses meilleurs amis sont ses sujets. Un de nos plus vils journalistes vous recommande de ne pas oublier les actions de certains généraux républicains : mais Votre Majesté n'at-elle pas d'autres sujets à se rappeler? n'existe-t-il pas quelques personnes qui désiraient qu'elle perdît la mémoire? Les généraux républicains ont l'estime de la nation, l'amour du soldat et l'admiration du monde : eux seuls sont capables de maintenir l'autorité de Votre Majesté et de consolider son trône; ce sont des forteresses qui inspirent la terreur aux ennemis du dehors; leurs noms seuls valent des armées. Votre Majesté doit donc bien se pénétrer qu'elle leur doit sa faveur, en proportion du degré de haine que leur portent les écrivains étrangers.

Je crois que Votre Majesté n'aura pas manqué d'exercer sa philosophie sur le genre d'intérêt qu'ont inspiré ses longues souffrances aux habitans de cette ville. Elle est convaincue maintenant que c'est le pouvoir, non la personne, que le vulgaire encense; et que pour mieux conserver ce pouvoir, il faut obtenir l'amour du peuple que l'on gouverne.

Je ne terminerai pas sans observer à Votre Majesté qu'en acceptant le titre de roi de France des mains de ses sujets, elle acquiert le droit exclusif de le porter. Ce titre était, avant la révolution, l'une de ces qualifications fastueuses dont se gratifiait notre gracieux souverain, qui plaçait la fleur de lis dans ses armes, et qui crut devoir la dédaigner avant le traité d'Amiens, parce que, disait-on, il était déshonorant pour lui de s'intituler *roi* d'un peuple aussi méchant. Quoique cette objection n'existe plus, il est probable que Votre Majesté demeurera seule en possession de cette qualité : c'est un avantage qu'elle doit à cette révolution qui fut souillée de crimes, mais dont l'effet sera d'améliorer le sort du genre humain, surtout celui du peuple français et de son monarque.

FIN.

De l'Impr. de CHARLES, rue Dauphine, n° 36.